# CONTENTS

# INTRODUCIÓN

La domótica es un término que se refiere a la automatización del hogar o edificios comerciales. Se utiliza para controlar y monitorear sistemas electrónicos y electrodomésticos desde un solo lugar central, comúnmente a través de una aplicación de smartphone o tablet. La domótica puede incluir el control de luces, temperatura, seguridad, sistemas de entretenimiento, electrodomésticos y mucho más.

El objetivo de la domótica es mejorar la eficiencia, comodidad y seguridad del hogar, así como también reducir el consumo de energía y los costos asociados. La domótica es una rama en constante evolución de la tecnología, y cada vez se están desarrollando nuevas soluciones para mejorar la calidad de vida de las personas en el hogar.

La domótica en las casas es el uso de tecnología para automatizar y controlar sistemas eléctricos y electrónicos en el hogar. Esto permite que los propietarios de casas controlen y monitoreen desde un solo lugar central, comúnmente a través de una aplicación de smartphone o tablet, sistemas como luces, temperatura, seguridad, entretenimiento, electrodomésticos, etc.

La domótica en el hogar tiene como objetivo mejorar la eficiencia, comodidad y seguridad de la vivienda, así como también reducir el consumo de energía y los costos asociados. Con la evolución continua de la tecnología, cada vez son más las soluciones de domótica disponibles para mejorar la calidad de vida en el hogar.

# C ONCEPTOS Y APLICACIÓN

### I. Automatización

la capacidad de programar y controlar sistemas electrónicos y electrodomésticos de manera remota o mediante programas preestablecidos.

Aquí hay algunos ejemplos de automatización en la domótica:

a) Termostatos inteligentes: permiten controlar la temperatura en el hogar desde una aplicación de smartphone o tablet, y también pueden programarse para ajustarse automáticamente en función de la hora del día, la presencia en el hogar, etc.

b)   Sistemas de iluminación: permiten controlar la luz en el hogar desde una aplicación de smartphone o tablet, y también pueden programarse para encenderse y apagarse automáticamente.

c)   Cámaras de seguridad: pueden monitorear el hogar automáticamente y notificar a los propietarios en caso de detectar movimiento o ruido.

d)   Sistemas de entretenimiento: pueden integrarse para que diferentes dispositivos, como televisores, sistemas de audio, etc., trabajen juntos de manera automática.

e)   Electrodomésticos: muchos electrodomésticos, como lavadoras, secadoras, refrigeradores, etc., ahora están disponibles con funciones de automatización, como el control de la programación a través de una aplicación de smartphone o tablet.

## II. Control centralizado

la posibilidad de monitorear y controlar todos los sistemas de la casa desde un solo punto central, comúnmente a través de una aplicación de smartphone o tablet.

## III. Interconexión de dispositivos

la capacidad de conectar y comunicar diferentes sistemas y dispositivos en la casa, como termostatos inteligentes, cámaras de seguridad, sistemas de audio y video, etc.

a) Termostato inteligente y luces: el termostato inteligente puede detectar la presencia en el hogar y encender y apagar las luces automáticamente.

b)  Cámaras de seguridad y sistemas de alarma: las cámaras de seguridad pueden detectar movimiento y activar automáticamente el sistema de alarma.

c)  Sistemas de audio y televisores: los sistemas de audio pueden conectarse con los televisores y reproducir automáticamente el audio cuando se encienda el televisor.

d)  Electrodomésticos y aplicaciones de smartphone: los electrodomésticos pueden conectarse con aplicaciones de smartphone y permitir el control remoto y la monitoreo de su funcionamiento.

e)  Sensores y termostatos inteligentes: los sensores pueden detectar la presencia en el hogar y activar o desactivar automáticamente el sistema de climatización a través del termostato inteligente.

# LOS CAMPOS DE APLICACIÓN

I. **Control de la temperatura**

la capacidad de ajustar la temperatura en el hogar a través de termostatos inteligentes, lo que permite un ahorro en costos de energía.

a) Termostato inteligente: un termostato inteligente es un dispositivo que se conecta a la red Wi-Fi y permite controlar la temperatura en el hogar desde una aplicación de smartphone o tablet. También pueden programarse para ajustarse automáticamente en función de la hora del día, la presencia en el hogar, etc.

b) Sensores de temperatura: los sensores de temperatura pueden colocarse en diferentes habitaciones y enviar señales a un controlador central, que ajusta la temperatura en todas las habitaciones para lograr un equilibrio de temperatura en el hogar.

c) Integración con electrodomésticos: los sistemas de calefacción y refrigeración, como calentadores y aires acondicionados, pueden conectarse con la red Wi-Fi y ser controlados desde una aplicación de smartphone o tablet.

Estos son solo algunos ejemplos de cómo la domótica puede ayudar a controlar la temperatura en un hogar. La idea es tener un control centralizado y automatizado para lograr un equilibrio de temperatura óptimo y mejorar la eficiencia energética.

## II.  Iluminación

la capacidad de controlar la luz en el hogar, incluyendo el encendido y apagado de las luces, la regulación de la intensidad, etc.

Hay varias maneras de controlar la iluminación en un hogar con domótica:

i. Interruptores inteligentes: los interruptores inteligentes se conectan a la red Wi-Fi y permiten controlar las luces desde una aplicación de smartphone o tablet. También pueden programarse para encender y apagar automáticamente en función de la hora del día, la presencia en el hogar, etc.

ii. Sensores de movimiento: los sensores de movimiento pueden colocarse en diferentes habitaciones y activar o apagar las luces automáticamente en función de la presencia de personas.

iii. Iluminación controlada por voz: la iluminación puede controlarse mediante dispositivos de asistente virtual, como Amazon Alexa o Google Home, permitiendo encender y apagar las luces mediante comandos de voz.

iv. Sistemas de iluminación ambiental: los sistemas de iluminación ambiental pueden ajustarse automáticamente en función de la hora del día, la presencia en el hogar, etc. y crear ambientes de luz específicos para diferentes momentos del día o actividades.

Estos son solo algunos ejemplos de cómo la domótica

puede ayudar a controlar la iluminación en un hogar. La idea es tener un control centralizado y automatizado para lograr un equilibrio de luz óptimo y mejorar la eficiencia energética.

### III. Seguridad

la posibilidad de monitorear y proteger el hogar con cámaras de seguridad, sensores de movimiento, alarmas, etc.

Hay varias maneras de controlar la seguridad en un hogar con domótica:

i. Sistemas de seguridad inteligentes: los sistemas de seguridad inteligentes, como cámaras de seguridad y detectores de movimiento, se conectan a la red Wi-Fi y permiten monitorear el hogar desde una aplicación de smartphone o tablet. También pueden enviar notificaciones en tiempo real en caso de detectar algún movimiento o actividad sospechosa.

ii. Sistemas de seguridad contra incendios: los sistemas de seguridad contra incendios, como detectores de humo y alarmas, pueden conectarse con la red Wi-Fi y enviar notificaciones en tiempo real en caso de detectar algún incendio.

iii. Cerraduras inteligentes: las cerraduras inteligentes permiten controlar el acceso a la casa mediante una aplicación de smartphone o tablet y pueden programarse para bloquear o desbloquear automáticamente en función de la hora del día, la presencia en el hogar, etc.

iv. Sistemas de monitoreo de gas y agua: los sistemas de monitoreo de gas y agua pueden detectar fugas y enviar notificaciones en tiempo real para evitar daños a la propiedad.

v. Estos son solo algunos ejemplos de cómo la domótica puede ayudar a controlar la seguridad en un hogar. La idea es tener un control centralizado y automatizado para lograr una mayor seguridad y monitoreo en el hogar.

## IV.  Entretenimiento

la integración de sistemas de audio y video en el hogar, lo que permite una experiencia de entretenimiento inmersiva.

Hay varias maneras de controlar el entretenimiento en un hogar con domótica:

a)   Sistemas de home theater: los sistemas de home theater pueden controlarse desde una aplicación de smartphone o tablet y permiten reproducir música, ver películas o jugar videojuegos en diferentes habitaciones del hogar.

b)   Dispositivos de asistente virtual: los dispositivos de asistente virtual, como Amazon Alexa o

Google Home, permiten controlar el entretenimiento en el hogar mediante comandos de voz, como encender o apagar la televisión, reproducir música, etc.

c) Control remoto universal: los control remotos universales pueden programarse para controlar diferentes dispositivos de entretenimiento, como televisores, reproductores de DVD, etc. y simplificar la experiencia de usuario.

d) Sistemas de audio multiroom: los sistemas de audio multiroom permiten reproducir música en diferentes habitaciones del hogar y controlarlos desde una aplicación de smartphone o tablet.

Estos son solo algunos ejemplos de cómo la domótica puede ayudar a controlar el entretenimiento en un hogar. La idea es tener un control centralizado y automatizado

## V. Electrodomésticos

la capacidad de controlar y monitorear electrodomésticos como lavadoras, secadoras, refrigeradores, etc.

Aquí hay algunos ejemplos de cómo se pueden controlar los electrodomésticos con domótica:

a) Encendido/apagado remoto: Puedes controlar el encendido y apagado de tus electrodomésticos desde cualquier lugar utilizando una aplicación móvil o un control remoto.

b) Programación: Puedes programar el encendido y apagado de tus electrodomésticos para que se enciendan y apaguen en momentos específicos del día.

c) Control de consumo de energía: Puedes monitorizar el consumo de energía de tus electrodomésticos y ajustarlos para que sean más eficientes.

d) Integración con asistentes virtuales: Puedes controlar tus electrodomésticos con voz mediante asistentes virtuales como Amazon Alexa o Google Assistant.

e) Automatización de escenas: Puedes crear escenas que incluyan varios electrodomésticos y controlarlas con un solo comando.

Estos son solo algunos de los campos de aplicación de la domótica, y cada vez se están desarrollando nuevas soluciones para mejorar la eficiencia, comodidad y seguridad del hogar.

# Normativas

La domótica es una tecnología en constante evolución y, por lo tanto, las regulaciones y normativas pueden variar según la región o el país. Sin embargo, algunas de las normativas más comunes en la industria de la domótica incluyen:

CE (Conformité Européene): Es una marca que indica que un producto cumple con los estándares de seguridad y calidad europeos.

Zigbee: Es un estándar de comunicación inalámbrico utilizado en la domótica para conectar dispositivos inteligentes.

Z-Wave: Es otro estándar de comunicación inalámbrico utilizado en la domótica.

UL (Underwriters Laboratories): Es una organización independiente que prueba y certifica productos electrónicos para garantizar su seguridad.

En México, actualmente no existen regulaciones específicas para la industria de la domótica. Sin embargo, los productos de domótica deben cumplir con las normativas y estándares internacionales de seguridad eléctrica y calidad, como CE y UL.

Además, se recomienda seguir las normativas y regulaciones locales relacionadas con la instalación de sistemas eléctricos y electrónicos en el hogar, para garantizar la seguridad de las personas y la propiedad.

Es importante destacar que a medida que la tecnología de la domótica continúa evolucionando, es probable que se implementen regulaciones más específicas en el futuro para regular su uso y asegurar la seguridad y privacidad de los usuarios.

Es importante tener en cuenta que estas regulaciones y normativas pueden variar según la región o el país, por lo que es importante investigar y seguir las regulaciones locales antes de instalar cualquier sistema de automatización en el hogar.

# NORMALIZACIÓN

La normalización en la domótica se refiere a la creación y adopción de estándares comunes para los productos y sistemas de automatización del hogar. Estos estándares ayudan a garantizar la compatibilidad y la interoperabilidad de los diferentes productos y sistemas, lo que a su vez facilita su uso y adopción por parte del consumidor.

Algunos ejemplos de estándares en la domótica incluyen:

I. Z-Wave:

Z-Wave es un estándar de comunicación inalámbrico

utilizado en la domótica para conectar dispositivos inteligentes en una red de automatización del hogar. Fue desarrollado por la compañía sueca Zensys y es uno de los estándares de comunicación más utilizados en la industria de la domótica.

Z-Wave utiliza una frecuencia de radio dedicada y es una tecnología de baja potencia que permite la conexión de hasta 232 dispositivos en una red. Además, Z-Wave es compatible con una amplia gama de productos, incluyendo interruptores de luz, termostatos, cerraduras inteligentes, cámaras de seguridad, sensores, etc.

Una de las principales ventajas de Z-Wave es su facilidad de uso y configuración. Los dispositivos Z-Wave se pueden conectar fácilmente y se pueden controlar desde una aplicación móvil o un control remoto central. Además, Z-Wave es un estándar abierto, lo que significa que muchos fabricantes diferentes pueden crear productos compatibles con él.

Algunos ejemplos de aplicaciones de Z-Wave en la domótica incluyen:

a)   Control de iluminación: Con Z-Wave, los usuarios pueden controlar y programar la iluminación de su hogar desde una aplicación móvil o un control remoto central.

b)   Termostato inteligente: Con un termostato Z-Wave, los usuarios pueden controlar la temperatura de su hogar desde una aplicación móvil o un control remoto central y programar la temperatura para diferentes horas del día.

c)   Cerraduras inteligentes: Las cerraduras Z-Wave permiten a los usuarios abrir y cerrar puertas con una aplicación móvil o un control remoto central, y también proporcionan un registro de quién ha entrado y salido de su hogar.

d)   Sensores de movimiento: Los sensores Z-Wave pueden detectar el movimiento y enviar una alerta a los usuarios a través de una aplicación móvil o un control remoto central.

e) Cámaras de seguridad: Las cámaras de seguridad Z-Wave se pueden conectar a la red Z-Wave y controlar desde una aplicación móvil o un control remoto central.

f) Control de electrodomésticos: Los electrodomésticos inteligentes Z-Wave se pueden conectar a la red Z-Wave y controlar desde una aplicación móvil o un control remoto central.

Estos son solo algunos ejemplos de cómo Z-Wave puede ser utilizado en la domótica para hacer que la vida sea más fácil, más cómoda y más segura. La tecnología Z-Wave continúa evolucionando y se espera que se utilice en una amplia variedad de aplicaciones en el futuro.

En resumen, Z-Wave es una tecnología importante en la domótica que permite a los usuarios conectar y controlar dispositivos inteligentes de manera fácil y eficiente.

II. Zigbee: es otro estándar de comunicación inalámbrico utilizado en la domótica.

Algunos ejemplos de aplicaciones de Zigbee en la domótica incluyen:

a)      Control de iluminación: Con Zigbee, los usuarios pueden controlar y programar la iluminación de su hogar desde una aplicación móvil o un control remoto central.

b)   Termostato inteligente: Con un termostato Zigbee, los usuarios pueden controlar la temperatura de su hogar desde una aplicación móvil o un control remoto central y programar la temperatura para diferentes horas del día.

c)   Cerraduras inteligentes: Las cerraduras Zigbee permiten a los usuarios abrir y cerrar puertas con una aplicación móvil o un control remoto central, y también proporcionan un registro de quién ha entrado y salido de su hogar.

d) Sensores de movimiento: Los sensores Zigbee pueden detectar el movimiento y enviar una alerta a los usuarios a través de una aplicación móvil o un control remoto central.

e) Cámaras de seguridad: Las cámaras de seguridad Zigbee se pueden conectar a la red Zigbee y controlar desde una aplicación móvil o un control remoto central.

f) Control de electrodomésticos: Los electrodomésticos inteligentes Zigbee se pueden conectar a la red Zigbee y controlar desde una aplicación móvil o un control remoto central.

Estos son solo algunos ejemplos de cómo Zigbee puede ser utilizado en la domótica para hacer que la vida sea más fácil.

III. KNX: es un estándar de comunicación para sistemas de automatización del hogar.

Aquí hay algunos ejemplos de cómo se puede utilizar el protocolo KNX en la domótica:

a) Control de iluminación: el usuario puede controlar las luces de su hogar mediante interruptores o aplicaciones móviles, regulando la intensidad y la temperatura de color de las mismas.

b) Regulación de temperatura: el sistema KNX puede controlar el funcionamiento de los termostatos y sistemas de calefacción, permitiendo ajustar la temperatura de manera automática o manual.

c) Automatización de cortinas y persianas: los usuarios pueden abrir y cerrar cortinas y persianas de manera automática o mediante aplicaciones móviles.

d)    Control de seguridad: los usuarios pueden controlar sistemas de alarmas y cámaras de seguridad a través de la red KNX, recibir alertas en caso de intrusiones y ver imágenes en tiempo real.

e)    Sistemas de audio y vídeo: los sistemas de audio y vídeo pueden ser controlados a través de la red KNX, permitiendo a los usuarios reproducir música o ver películas en diferentes habitaciones.

Estos son solo algunos ejemplos de cómo se puede utilizar el protocolo KNX en la domótica, y hay muchas más aplicaciones y posibilidades.

IV.   UPnP (Universal Plug and Play): es un estándar para la conectividad y la interoperabilidad de los dispositivos domésticos inteligentes.

Aquí hay algunos ejemplos de cómo se puede utilizar el protocolo UPnP en la domótica:

a)  Control de dispositivos inteligentes: los usuarios pueden controlar dispositivos inteligentes como luces, termostatos y enchufes a través de una aplicación móvil utilizando UPnP.

b)  Reproducción de medios: los usuarios pueden reproducir música, vídeos y fotos en diferentes dispositivos en su hogar, como televisores, altavoces y consolas de juegos, mediante UPnP.

c)  Integración de sistemas de seguridad: los sistemas de seguridad pueden ser integrados con UPnP para recibir alertas en caso de intrusiones y controlar cámaras de seguridad.

d)  Automatización de la casa: los usuarios pueden automatizar tareas cotidianas en su hogar, como encender y apagar las luces, regulando la temperatura y controlar los enchufes, utilizando UPnP.

e)       Compartir archivos: los usuarios pueden compartir archivos, como música y fotos, entre diferentes dispositivos en su hogar a través de UPnP.

Estos son solo algunos ejemplos de cómo se puede utilizar el protocolo UPnP en la domótica, y hay muchas más aplicaciones y posibilidades.

La normalización es importante para el desarrollo de la industria de la domótica, ya que permite a los fabricantes crear productos compatibles y fáciles de usar, y a los consumidores elegir y utilizar los productos y sistemas que mejor se adapten a sus necesidades.

# ARQUITECTURA

La arquitectura en la domótica se refiere a la forma en que los diferentes componentes de un sistema de automatización del hogar están organizados y conectados entre sí. En general, la arquitectura en la domótica incluye los siguientes elementos:

### I. Sensores y actuadores

Estos son los dispositivos físicos que recopilan y transmiten información sobre el entorno, y que realizan acciones en el hogar en respuesta a los comandos recibidos.

Ejemplos

a) Sistema de Iluminación Inteligente:

Un sistema de iluminación domótico puede utilizar sensores de movimiento para encender o apagar las luces cuando se entra o sale de una habitación. Los actuadores pueden ser interruptores inteligentes que se pueden controlar a través de una aplicación móvil o por voz.

b)      Termostato Inteligente: Un termostato inteligente utiliza sensores para medir la temperatura ambiente y ajustar la temperatura de la casa para mantener una temperatura cómoda. Los actuadores pueden ser calefactores y acondicionadores de aire controlados a través de una aplicación móvil o por voz.

c)      Sistema de Seguridad Domótico: Un sistema de seguridad domótico puede utilizar sensores de movimiento y cámaras para detectar intrusiones y actuadores como sirenas para alertar a los propietarios o a la policía en caso de una brecha de seguridad.

d)　　Sistema de Riego Automático: Un sistema de riego automático utiliza sensores de humedad para determinar cuándo regar las plantas y los actuadores pueden ser válvulas que controlan el suministro de agua a las plantas.

e)　Sistema de Ventilación Inteligente: Un sistema de ventilación inteligente puede utilizar sensores para detectar la calidad del aire y los actuadores para controlar la velocidad de los ventiladores para mejorar la circulación de aire en la casa.

## II.　Controladores

Estos son los dispositivos que reciben información de los sensores y transmiten comandos a los actuadores.

Ejemplos

a)  Sistema de Control de Iluminación: Un sistema de control de iluminación domótico puede utilizar un controlador central para administrar y controlar todas las luces de la casa. El controlador puede ser un dispositivo inteligente que se conecta a las luces a través de Wi-Fi o Z-Wave y se puede controlar a través de una aplicación móvil o por voz.

b)  Sistema de Control de Temperatura: Un sistema de control de temperatura domótico puede utilizar un controlador central para administrar y controlar todos los sistemas de calefacción y refrigeración de la casa. El controlador puede ser un termostato inteligente que se conecta a los sistemas de calefacción y refrigeración a través de Wi-Fi o Z-Wave y se puede controlar a través de una aplicación móvil o por voz.

c)      Sistema de Control de Seguridad: Un sistema de control de seguridad domótico puede utilizar un controlador central para administrar y controlar todos los sensores y sistemas de seguridad de la casa. El controlador puede ser un panel de seguridad que se conecta a los sensores y sistemas de seguridad a través de Wi-Fi o Z-Wave y se puede controlar a través de una aplicación móvil o por voz.

d)      Sistema de Control de Riego: Un sistema de control de riego domótico puede utilizar un controlador central para administrar y controlar el sistema de riego automático. El controlador puede ser un dispositivo inteligente que se conecta al sistema de riego a través de Wi-Fi o Z-Wave y se puede controlar a través de una aplicación móvil o por voz.

e)        Sistema de Control de Ventilación: Un sistema de control de ventilación domótico puede utilizar un controlador central para administrar y controlar el sistema de ventilación. El controlador puede ser un dispositivo inteligente que se conecta al sistema de ventilación a través de Wi-Fi o Z-Wave y se puede controlar a través de una aplicación móvil o por voz.

## III.   Interfaz de usuario

Esta    es    la    forma    en    que    los

usuarios interactúan con el sistema de automatización del hogar, como a través de una aplicación móvil, un panel táctil o una consola de voz.

Ejemplos

a) Aplicación Móvil: Una aplicación móvil es una interfaz de usuario común en la domótica. La aplicación permite a los usuarios controlar y monitorear sus sistemas domóticos desde su smartphone o tablet.

b) Control por Voz: Un control por voz es otra interfaz de usuario común en la domótica. Los usuarios pueden utilizar asistentes virtuales como Amazon Alexa o Google Assistant para controlar sus sistemas domóticos con comandos de voz.

c) Interruptor Inteligente: Un interruptor inteligente es una interfaz de usuario física que permite a los usuarios controlar los sistemas domóticos de manera manual.

d) Panel de Control: Un panel de control es una interfaz de usuario física que permite a los usuarios monitorear y controlar sus sistemas domóticos en tiempo real.

e) Interfaz Web: Una interfaz web es una interfaz de usuario en línea que permite a los usuarios controlar y monitorear sus sistemas domóticos desde un navegador web en un ordenador o laptop.

## IV. Red de comunicaciones

Esta es la forma en que los diferentes componentes del sistema se comunican entre sí, como a través de Wi-Fi, Zigbee o protocolos de domótica específicos como KNX o UPnP.

Ejemplos

a)      Wi-Fi: Wi-Fi es una de las tecnologías de comunicación más comunes en la domótica. Permite a los dispositivos domóticos conectarse a Internet y comunicarse con otros dispositivos a través de una red inalámbrica.

b)      Zigbee: Zigbee es un estándar de comunicación inalámbrico diseñado específicamente para la domótica. Permite a los dispositivos domóticos conectarse entre sí y formar una red de dispositivos interconectados.

c)   Z-Wave: Z-Wave es otro estándar de

comunicación inalámbrico utilizado en la domótica. Permite a los dispositivos domóticos conectarse entre sí y formar una red de dispositivos interconectados.

d)      Bluetooth: Bluetooth es un estándar de comunicación inalámbrico ampliamente utilizado en la domótica. Permite a los dispositivos domóticos conectarse a otros dispositivos y compartir información.

e)      NFC (Near Field Communication): NFC es un estándar de comunicación de corto alcance utilizado en la domótica. Permite a los dispositivos domóticos intercambiar información cuando están en contacto directo entre sí.

## V.   Servidores

Estos son los dispositivos que almacenan y

procesan información y que actúan como intermediarios entre los controladores y la interfaz de usuario.

Ejemplos

a) Servidor de la Nube: Un servidor de la nube es un servidor en línea que permite a los usuarios acceder y controlar sus sistemas domóticos desde cualquier lugar y en cualquier momento.

b) Servidor Local: Un servidor local es un servidor en la casa que permite a los usuarios controlar y monitorear sus sistemas domóticos de manera local.

c) Servidor de Gateway: Un servidor de gateway es un dispositivo de hardware que actúa como intermediario entre los dispositivos domóticos y la red.

d)　　Servidor de Automatización: Un servidor de automatización es un servidor dedicado que se utiliza para controlar y monitorear los sistemas domóticos de la casa.

e)　　　Servidor de Integración: Un servidor de integración es un servidor que se utiliza para integrar diferentes sistemas domóticos y permitir su comunicación entre sí.

Esta arquitectura permite a los usuarios controlar y automatizar diferentes aspectos de su hogar, como la iluminación, la temperatura, la seguridad y mucho más, de manera sencilla y conveniente.

# P UNTOS A CONSIDERAR

## I. Seguridad

La seguridad es un punto crítico a considerar en la domótica. Los sistemas domóticos deben ser seguros y protegidos contra posibles intrusiones y ataques cibernéticos.

Consideraciones

a) Cambiar contraseñas predeterminadas: Es importante cambiar las contraseñas predeterminadas en los dispositivos domóticos para prevenir intrusiones y ataques cibernéticos.

b) Encriptación de datos: La encriptación de datos es una medida de seguridad importante que ayuda a proteger la privacidad de los usuarios y a prevenir la pérdida de información confidencial.

c) Actualizaciones de software: Mantener los sistemas y dispositivos domóticos actualizados es crucial para protegerlos de posibles vulnerabilidades de seguridad.

d) Firewall: Instalar un firewall es una medida efectiva para prevenir intrusiones y ataques cibernéticos.

e) Monitoreo de Seguridad: Es importante monitorear los sistemas y dispositivos domóticos para detectar y responder a posibles amenazas de seguridad.

f) Contraseñas seguras: Utilizar contraseñas seguras y cambiarlas con frecuencia es crucial para proteger los sistemas y dispositivos domóticos contra intrusiones y ataques cibernéticos.

g) Autenticación de usuario: La autenticación de usuario es una medida importante para asegurarse de que solo los usuarios autorizados puedan acceder a los sistemas y dispositivos domóticos.

h) Copias de seguridad regulares: Realizar copias de seguridad regulares de los sistemas y dispositivos domóticos es una medida importante para proteger la información confidencial y recuperar los datos en caso de pérdida.

II. **Interoperabilidad**

La interoperabilidad es importante para asegurarse de que los diferentes dispositivos y sistemas domóticos puedan trabajar juntos de manera eficiente.

Consideraciones

a) Para considerar la interoperabilidad en la domótica, se deben tener en cuenta los siguientes pasos:

b)     Identificación de los dispositivos y sistemas compatibles: Es importante conocer los dispositivos y sistemas que se desean integrar para asegurarse de que son compatibles y pueden trabajar juntos.

c)     Elección de un protocolo común: Se debe elegir un protocolo común para la comunicación entre los dispositivos, como Zigbee, Z-Wave o Wi-Fi, para garantizar la interoperabilidad.

d)     Integración de dispositivos y sistemas: Una vez que se han identificado los dispositivos y sistemas compatibles y se ha elegido un protocolo común, se deben integrar los dispositivos y sistemas en un sistema centralizado.

e) Configuración y personalización: Es necesario configurar y personalizar el sistema centralizado para asegurarse de que los dispositivos y sistemas se integren correctamente y funcionen de manera óptima.

f) Pruebas y monitoreo: Finalmente, es importante realizar pruebas y monitorear el sistema para asegurarse de que todo funciona de manera eficiente y para detectar y resolver cualquier problema.

## III.  Flexibilidad

La flexibilidad es importante para asegurarse de que los sistemas domóticos puedan adaptarse a las necesidades cambiantes de los usuarios.

Para considerar la flexibilidad en la domótica, se deben tener en cuenta los siguientes pasos:

Elección de un sistema abierto y escalable: Es importante elegir un sistema domótico que sea abierto y escalable, para que sea posible añadir nuevos dispositivos y funciones en el futuro sin tener que cambiar el sistema completo.

Integración de diferentes tecnologías: Se debe elegir un sistema que permita integrar diferentes tecnologías, como el Internet de las cosas (IoT), inteligencia artificial (IA) y sistemas de seguridad, para asegurarse de que el sistema sea flexible y pueda adaptarse a las necesidades futuras.

Control remoto y automatización: El sistema debe permitir el control remoto y la automatización de los dispositivos y funciones, para asegurarse de que el sistema sea flexible y pueda ser utilizado de manera eficiente.

Personalización y configuración: Es

importante elegir un sistema que permita la personalización y configuración, para asegurarse de que el sistema se adapte a las necesidades individuales de cada usuario.

Actualizaciones y mejoras: Finalmente, es importante elegir un sistema que permita actualizaciones y mejoras en el futuro, para asegurarse de que el sistema siga siendo flexible y adaptable a las necesidades futuras.

### IV.  Facilidad de Uso

La facilidad de uso es crucial para asegurarse de que los usuarios puedan controlar y monitorear sus sistemas domóticos de manera eficiente y sencilla.

a)  Para considerar la facilidad de uso en la domótica, se deben tener en cuenta los siguientes pasos:

b)  Interfaz intuitiva y fácil de usar: Es importante elegir un sistema con una interfaz intuitiva y fácil de usar, para que los usuarios puedan controlar y configurar los dispositivos y funciones de manera eficiente.

c)      Integración con dispositivos móviles: El sistema debe integrarse con dispositivos móviles, como smartphones y tabletas, para permitir un control remoto sencillo y fácil.

d)   Automatización y programación: El sistema debe permitir la automatización y programación de los dispositivos y funciones, para que los usuarios puedan personalizar y ajustar el sistema de acuerdo a sus necesidades.

e)      Documentación y soporte: Es importante elegir un sistema con una documentación clara y accesible, así como con un soporte eficiente, para que los usuarios puedan resolver cualquier problema o realizar preguntas de manera eficiente.

f)      Pruebas y monitoreo: Finalmente, es importante realizar pruebas y monitorear el sistema para asegurarse de que todo funciona de manera eficiente y para detectar y resolver cualquier problema, asegurándose de que el sistema sea fácil de usar.

## V.  Costo

El costo es un factor importante a considerar al elegir un sistema domótico. Los sistemas domóticos deben ser asequibles y ofrecer un buen valor por el dinero.

a)   Para obtener un buen costo en la domótica, se deben considerar los siguientes pasos:

b)      Comparación de precios: Es importante comparar precios y presupuestos de diferentes proveedores de sistemas domóticos, para asegurarse de que se obtiene el mejor precio posible.

c)      Elegir componentes de calidad y asequibles: Es importante elegir componentes de calidad y asequibles, como sensores, dispositivos de control y actuadores, para asegurarse de que el sistema sea funcional y durable, pero a un precio razonable.

d)      Evitar gastos innecesarios: Se debe evitar gastar en componentes o características que no se necesiten o no se utilizarán, para asegurarse de que el presupuesto sea ajustado y razonable.

e)      Utilizar tecnologías existentes:

En lugar de gastar en tecnologías nuevas y caras, se pueden utilizar tecnologías existentes y asequibles, como dispositivos móviles y aplicaciones, para controlar y monitorear el sistema domótico.

f) Planificar a largo plazo: Es importante planificar a largo plazo y considerar la escalabilidad y la durabilidad del sistema, para asegurarse de que el sistema sea rentable y eficiente a largo plazo.

## VI. Escalabilidad

La escalabilidad es importante para asegurarse de que los sistemas domóticos puedan expandirse y adaptarse a la evolución de las necesidades de los usuarios.

a) Para obtener escalabilidad en la domótica, se deben considerar los siguientes pasos:

b)      Elegir un sistema abierto y escalable: Es importante elegir un sistema de domótica abierto y escalable, que permita la integración de nuevos dispositivos y tecnologías.

c)      Utilizar un protocolo estándar: Es importante utilizar un protocolo estándar, como Zigbee o Z-Wave, para asegurarse de que el sistema sea compatible con una amplia gama de dispositivos.

d)      Integración de diferentes tecnologías: Es importante integrar diferentes tecnologías, como la inteligencia artificial, la seguridad, el monitoreo y el control de energía, para asegurarse de que el sistema sea escalable y adaptable a las necesidades cambiantes.

e)      Flexibilidad en la configuración:

El sistema debe tener flexibilidad en la configuración, para que los usuarios puedan ajustar y personalizar el sistema de acuerdo a sus necesidades y preferencias.

f) Monitoreo y mantenimiento: Finalmente, es importante monitorear y mantener el sistema de manera regular, para asegurarse de que funcione de manera eficiente y para detectar y resolver cualquier problema, asegurándose de que el sistema sea escalable.

## VII. Mantenimiento

El mantenimiento es importante para asegurarse de que los sistemas domóticos funcionen de manera eficiente y estén siempre disponibles cuando se necesiten.

## VIII. Compatibilidad

La compatibilidad es importante para asegurarse de que los sistemas domóticos puedan funcionar con otros dispositivos y sistemas en el hogar.

### IX. Eficiencia Energética

La eficiencia energética es importante para asegurarse de que los sistemas domóticos sean amigables con el medio ambiente y ayuden a reducir el consumo de energía.

Para obtener eficiencia energética en la domótica, se deben considerar los siguientes pasos:

a) Monitoreo de consumo de energía: Es importante monitorear el consumo de energía de los diferentes dispositivos y sistemas en el hogar, para identificar áreas de mejora.

b) Uso de dispositivos eficientes:

Es importante elegir dispositivos y tecnologías eficientes en términos de energía, como bombillas LED y termostatos inteligentes, para ahorrar energía y reducir los costos de factura.

c) Automatización de sistemas: Es importante automatizar sistemas, como la climatización y la iluminación, para asegurarse de que funcionen de manera eficiente y ahorrar energía.

d) Ajustes programados: Es importante programar ajustes automáticos en los sistemas, como el apagado automático de dispositivos cuando no se están utilizando, para asegurarse de que la energía no se desperdicie.

e) Análisis de datos y seguimiento: Finalmente, es importante analizar los datos de consumo de energía y seguir de cerca el desempeño del sistema, para identificar áreas adicionales de mejora y asegurarse de que el sistema siga siendo eficiente en términos de energía.

# C ASOS DE EXITO

Hay muchos casos de éxito en la domótica, aquí hay algunos ejemplos:

**Control de iluminación y climatización**: Uno de los usos más comunes de la domótica es el control de la iluminación y la climatización, lo que permite ahorrar energía y mejorar la comodidad en el hogar.

**Seguridad:** La domótica también ha mejorado la seguridad en el hogar, con la integración de sistemas de seguridad inteligentes, como cámaras de vigilancia y alarmas, que permiten monitorear el hogar a distancia y recibir alertas en caso de emergencia.

**Comodidad:** La domótica también ha mejorado la comodidad en el hogar, con la integración de tecnologías como los asistentes virtuales, que permiten controlar la música, las luces y otros dispositivos con solo dar un comando de voz.

Ahorro de energía: La domótica también ha contribuido a ahorrar energía en el hogar, con la integración de tecnologías eficientes en términos de energía, como termostatos inteligentes y bombillas LED.

**Casas inteligentes:** La domótica también ha permitido el desarrollo de casas inteligentes, que combinan tecnologías para mejorar la eficiencia, la seguridad y la comodidad en el hogar.

Estos son solo algunos de los muchos casos de éxito de la domótica, que demuestran cómo esta tecnología puede mejorar significativamente la vida en el hogar.

## Control de iluminación

Un ejemplo detallado de un caso de éxito en la domótica es el control de iluminación y climatización.

Un hogar inteligente puede utilizar sensores para monitorear el uso de la luz y el clima, y ajustar automáticamente la iluminación y la temperatura en función de las necesidades y preferencias de los habitantes. Por ejemplo, cuando una persona entra en una habitación, los sensores pueden detectar su presencia y encender la luz automáticamente. Además, los termostatos inteligentes pueden aprender las preferencias de temperatura de cada habitante y ajustarse automáticamente para ahorrar energía y mejorar la comodidad.

El hogar también puede integrar tecnologías como la inteligencia artificial y la internet de las cosas para optimizar aún más el uso de la iluminación y la climatización. Por ejemplo, un asistente virtual puede controlar la iluminación y la temperatura con solo dar un comando de voz, y los sensores pueden monitorear la calidad del aire y ajustar la climatización en consecuencia.

Este tipo de solución domótica puede ahorrar hasta un 15% en el costo de energía, y mejorar significativamente la comodidad y eficiencia en el hogar. Además, permite a los habitantes controlar y monitorear la iluminación y la climatización desde cualquier lugar y en cualquier momento, lo que aumenta la seguridad y la tranquilidad en el hogar.

## Seguridad

Otro ejemplo de un caso de éxito en la domótica enfocado a la seguridad es el sistema de seguridad inteligente para el hogar.

Este tipo de solución combina tecnologías como cámaras de seguridad, sensores de movimiento, detectores de incendios y sistemas de alarmas para monitorear y proteger el hogar en todo momento. Por ejemplo, cuando se detecta un movimiento sospechoso en el hogar, el sistema puede enviar una alerta a los habitantes y a la policía. Además, las cámaras pueden grabar videos en tiempo real y almacenarlos en la nube para una fácil revisión.

El sistema también puede integrarse con asistentes virtuales como Amazon Alexa o Google Assistant, lo que permite a los habitantes controlar y monitorear la seguridad desde cualquier lugar y en cualquier momento con solo dar un comando de voz.

Este tipo de solución domótica puede mejorar significativamente la seguridad y tranquilidad en el hogar, y ayudar a prevenir robos y otros delitos. Además, permite a los habitantes monitorear la seguridad desde cualquier lugar y en cualquier momento, lo que les da un mayor control y tranquilidad.

**Comodidad**

Un ejemplo detallado de un caso de

éxito en la domótica enfocado en la comodidad es el control de la cocina inteligente.

Este tipo de solución combina tecnologías como sensores de temperatura, hornos inteligentes, cafeteras conectadas y otros electrodomésticos para simplificar y mejorar la experiencia culinaria en el hogar. Por ejemplo, los sensores de temperatura pueden monitorear la cocción de los alimentos y ajustar la temperatura del horno automáticamente para garantizar una cocción uniforme.

Además, los electrodomésticos conectados pueden ser controlados desde una aplicación móvil, lo que permite a los habitantes programar la cocción de los alimentos y controlar otros aspectos de la cocina desde cualquier lugar y en cualquier momento.

Este tipo de solución domótica puede mejorar significativamente la comodidad y eficiencia en la cocina, y permitir a los habitantes disfrutar de una experiencia culinaria más sencilla y agradable. Además, permite a los habitantes controlar y monitorear la cocina desde cualquier lugar y en cualquier momento, lo que les da un mayor control y tranquilidad.

# PASO A PASO PARA CRER UNA CASA INTELIGENTE

Aquí hay un ejemplo detallado de cómo hacer una casa inteligente con domótica:

Planificación: Antes de comenzar, es importante hacer un plan detallado de los objetivos y deseos para la casa inteligente. Esto incluye la identificación de las áreas clave que se desean automatizar, como el sistema de iluminación, la climatización, la seguridad y la cocina.

Selección de dispositivos: Una vez que se tiene un plan, el siguiente paso es seleccionar los dispositivos que se desean utilizar. Esto incluye sensores, termostatos inteligentes, sistemas de seguridad, controladores y otros dispositivos que se deseen integrar en el sistema domótico.

Instalación de dispositivos: Después de seleccionar los dispositivos, es importante instalarlos correctamente. Esto incluye el uso de un controlador central para integrar todos los dispositivos en una sola plataforma.

Configuración y personalización: Una vez que los dispositivos estén instalados, es importante configurarlos y personalizarlos para adaptarse a las necesidades de los habitantes. Esto incluye la configuración de las luces, la climatización, la seguridad y otros sistemas para garantizar su correcto funcionamiento.

Control y monitoreo: Finalmente, es importante tener un sistema de control y monitoreo en marcha para permitir a los habitantes controlar y monitorear la casa inteligente desde cualquier lugar y en cualquier momento. Esto incluye la utilización de una aplicación móvil para controlar y monitorear el sistema domótico.

Este proceso permite crear una casa inteligente que brinda comodidad, seguridad, eficiencia y control a los habitantes. Con la tecnología domótica en constante evolución, las opciones y posibilidades para hacer una casa inteligente son cada vez más variadas.

# **F**UTURO DE LA DOMOTICA

**Aquí hay 20 puntos a considerar para el futuro de la domótica:**

a) Integración de tecnologías: La integración de tecnologías como la inteligencia artificial, la robótica y la internet de las cosas permitirá la creación de hogares aún más inteligentes y personalizados.

b) Interoperabilidad: La interoperabilidad será clave para garantizar que los dispositivos de una casa inteligente puedan trabajar juntos de manera eficiente y sin problemas.

c)   Seguridad: La seguridad será un factor cada vez más importante a medida que los hogares inteligentes se vuelvan más comunes y los usuarios compartan más información personal en línea.

d)   Uso de la voz: La utilización de la voz y asistentes virtuales como Alexa y Google Assistant será un elemento clave en la evolución de la domótica.

e)   Automatización: La automatización de las tareas cotidianas será una de las tendencias más importantes en la domótica del futuro.

f)   Eficiencia energética: La eficiencia energética será un objetivo cada vez más importante a medida que los hogares inteligentes se vuelvan más comunes.

g)      Monitoreo remoto: El monitoreo remoto de los hogares inteligentes permitirá a los usuarios controlar y monitorear su hogar desde cualquier lugar y en cualquier momento.

h)      Integración con la nube: La integración con la nube permitirá una mayor flexibilidad y escalabilidad en la gestión de los hogares inteligentes.

i)      Conectividad 5G: La conectividad 5G permitirá una mayor velocidad y fiabilidad en la conectividad de los hogares inteligentes.

j)      Internet de las cosas: La Internet de las cosas será un factor clave en la evolución de la domótica, permitiendo la conectividad de una amplia variedad de dispositivos.

k)     Realidad aumentada y virtual: La realidad aumentada y virtual permitirá una experiencia aún más inmersiva en los hogares inteligentes.

l)     Integración de la salud: La integración de la salud en los hogares inteligentes permitirá un monitoreo más preciso de la salud de los habitantes.

m)  Mejoras en la tecnología de baterías: Mejoras en la tecnología de baterías permitirán una mayor eficiencia y autonomía en los hogares inteligentes.

n)     Soluciones a bajo costo: Soluciones a bajo costo permitirán una mayor accesibilidad a la tecnología domótica

# APPLE, GOOGLE Y AMAZON

Apple, Google y Amazon son compañías tecnológicas que están invirtiendo y desarrollando soluciones de domótica. A continuación, describo algunas de las iniciativas que están llevando a cabo:

Apple: Apple ha desarrollado el HomeKit, un framework para la creación de soluciones de domótica que permite a los usuarios controlar y automatizar dispositivos conectados en su hogar con su iPhone, iPad o Apple Watch.

Google: Google ha desarrollado el Asistente de Google, un asistente virtual que puede ser utilizado para controlar dispositivos de domótica con solo usar la voz. Además, Google ha creado Google Nest, una marca de dispositivos y soluciones de domótica.

Amazon: Amazon ha desarrollado Alexa, un asistente virtual que permite a los usuarios controlar y automatizar dispositivos de domótica con solo usar la voz. Además, Amazon ha creado soluciones de domótica bajo la marca de Amazon Echo, que incluye dispositivos como el Echo Dot y el Echo Show.

Estas son solo algunas de las iniciativas que están llevando a cabo estas compañías para impulsar la domótica. La idea es que con estos desarrollos, se logre una mayor adopción y difusión de la tecnología de domótica, y se mejore la calidad de vida de las personas a través de soluciones de automatización en el hogar y edificios.90

# LA DOMOTICA EN MÉXICO

En México, la domótica ha cobrado un gran interés en los últimos años, ya que ha demostrado ser una tecnología útil para mejorar la eficiencia energética, la seguridad, la comodidad y la calidad de vida de las personas.

Se están desarrollando soluciones cada vez más avanzadas y accesibles, y cada vez hay más hogares y edificios inteligentes en el país. Además, hay una creciente industria de servicios de integración de sistemas de automatización en el hogar y edificios, que ofrecen servicios de instalación, programación y mantenimiento de sistemas de domótica. Sin embargo, aún hay un largo camino por recorrer en términos de adopción masiva y difusión de la tecnología, y es probable que se sigan desarrollando soluciones cada vez más avanzadas y accesibles en el futuro.

En México, la industria de la domótica está en constante evolución y crecimiento, con una amplia gama de soluciones y productos disponibles en el mercado. Además, hay una gran cantidad de profesionales y empresas especializadas en la integración de sistemas de automatización en el hogar y edificios, lo que permite a los consumidores acceder a servicios de alta calidad.

Otro aspecto importante es la regulación y normatividad en la materia, que está en constante actualización para garantizar la seguridad y la eficiencia de los sistemas de domótica. Además, la industria está trabajando en colaboración con la academia y el sector público para fomentar la investigación y el desarrollo de tecnologías avanzadas y accesibles.

En resumen, México está a la vanguardia de la tecnología de la domótica en América Latina, con una industria en constante crecimiento y evolución, y una amplia gama de soluciones y servicios disponibles para los consumidores.

Sí, en México hay diversas iniciativas y acciones que se están llevando a cabo para impulsar la domótica. Algunos ejemplos incluyen:

Fomento de la investigación y desarrollo: Hay programas y proyectos de investigación en universidades y centros de investigación en el país, que están trabajando en soluciones innovadoras para la domótica.

Colaboración con la industria: La industria de la domótica está trabajando en colaboración con empresas, profesionales y organizaciones para fomentar el desarrollo de tecnologías avanzadas y accesibles.

Regulación y normatividad: Hay una constante actualización de la regulación y normatividad en la materia, para garantizar la seguridad y la eficiencia de los sistemas de domótica.

Programas de educación y capacitación: Hay programas y

cursos de capacitación para profesionales y técnicos en la industria de la domótica, que buscan mejorar la calidad de los servicios ofrecidos.

Estos son solo algunos ejemplos de las acciones que se están llevando a cabo en México para impulsar la domótica. La idea es que con estas iniciativas, se logre una mayor adopción y difusión de la tecnología, y se mejore la calidad de vida de las personas a través de soluciones de automatización en el hogar y edificios.

# CONCLUSIÓN

Conclusión sobre la domótica y su uso pasado, presente y futuro:

Pasado: La domótica ha existido por décadas, pero en el pasado era costosa y requería un gran conocimiento técnico para ser instalada y utilizada.

Presente: En la actualidad, la domótica ha experimentado un gran avance tecnológico y es más accesible y fácil de usar, lo que ha llevado a un aumento en su adopción por parte de los consumidores.

Futuro: Se espera que la domótica continúe evolucionando y mejorando en el futuro, con la integración de tecnologías como la inteligencia artificial y la internet de las cosas, lo que permitirá una mayor eficiencia, seguridad y comodidad en el hogar.

En general, la domótica es una tecnología que ha mejorado significativamente en el pasado y que continuará haciéndolo en el futuro, lo que permitirá una vida más fácil, cómoda y eficiente en el hogar.

Especialista en seguridad informática con más de 27 años de experiencia

Trabajando en las principales empresas del País como Walmart, Santander, Alestra, Bimbo, Sky Televisión, Secretaria de Salud, IMSS, ING, Puma, IAMSA entre otras

Enfocado al monitoreo y análisis de amenazas cibernéticas, Gestión de incidentes de seguridad y respuesta a incidentes.

Formación y concientización del personal sobre seguridad informática

Actualmente enfocado en la continuidad del negocio Disaster & Recovery y CTO de una Empresa enfocada a sistemas SaaS como CRM, ERP y sistemas especializados para profesionales de comercios y del sector salud

https://mx.linkedin.com/in/ricardomolinalavarez

ricardo.molina@mox.com.mx

www.ingramcontent.com/pod-product-compliance
Lightning Source LLC
LaVergne TN
LVHW051538050326
832903LV00033B/4318